AL LEONARD

UKELELE PARA NIÑOS

MÉTODO PARA
OCAR EL UKELELE

Una guía para principiantes con instrucciones detalladas para el ukelele

POR CHAD JOHNSON

Los ukeleles que se muestran en este libro son cortesía de Lanikai Ukuleles, una empresa de Hohner.

Para acceder el audio por favor visitar:
www.halleonard.com/mylibrary

Enter Code
6724-0156-6248-1489

ISBN 978-1-4803-8784-3

HAL•LEONARD®
CORPORATION

7777 W. BLUEMOUND RD. P.O. BOX 13819 MILWAUKEE, WI 53213

Visite Hal Leonard en línea en
www.halleonard.com

CÓMO SELECCIONAR TU UKELELE

Por lo general, los ukeleles vienen en cuatro tamaños:

Soprano
(o "estándar")
    Concierto   Tenor   Barítono

Ni siquiera el ukelele barítono es demasiado grande, pero para que aprenda un niño, probablemente el soprano, concierto o tenor sean las mejores opciones. Elije el que sientas más cómodo.

Muy grande   Tamaño adecuado

PARTES DEL UKELELE

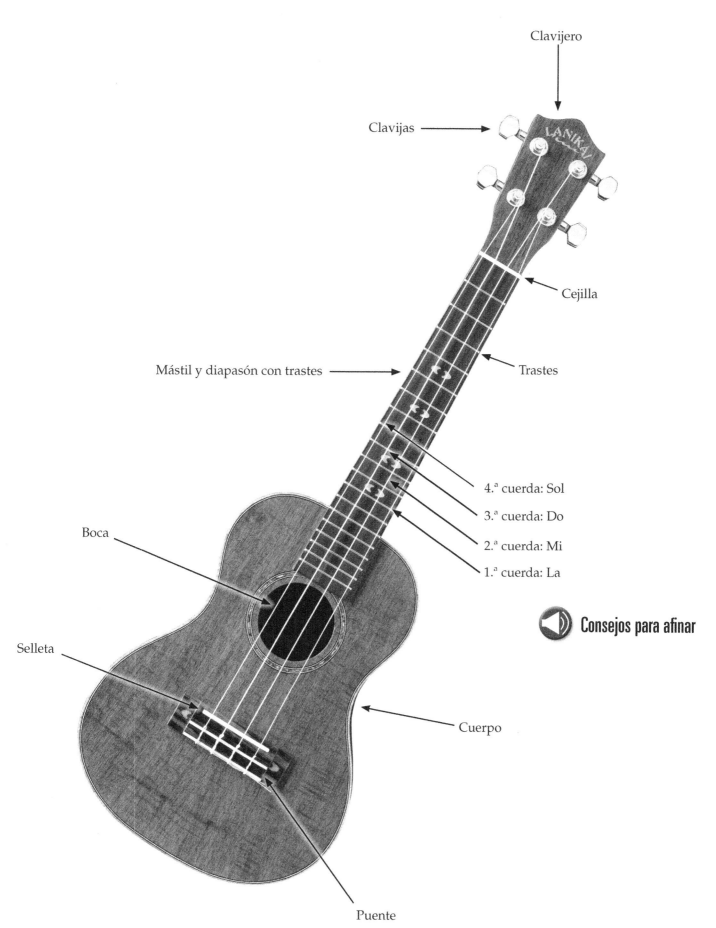

Clavijero

Clavijas

Cejilla

Mástil y diapasón con trastes

Trastes

4.ª cuerda: Sol

3.ª cuerda: Do

2.ª cuerda: Mi

1.ª cuerda: La

Boca

Consejos para afinar

Selleta

Cuerpo

Puente

CÓMO SOSTENER EL UKELELE

Hay muchas maneras de sostener un ukelele, tanto sentado como parado.

Sentado

- Siéntate derecho y relaja los hombros.
- Coloca los pies completamente apoyados en el piso o un pie en un reposapiés.
- Inclina ligeramente el mástil del ukelele hacia arriba.
- Apoya el ukelele en la pierna o sostenlo con el brazo contra el pecho.

Parado

- Sostén el ukelele contra el pecho por debajo del brazo que usas para el rasgueo para mantenerlo en su lugar.
- No aprietes demasiado.
- Inclina ligeramente el mástil del ukelele hacia arriba.

Cómo usar una correa

Otra posibilidad es usar una correa para sostener el ukelele (sentado o parado). Esto también permitirá que el instrumento vibre con mayor libertad y produzca un sonido más alto.

POSICIÓN DE LA MANO

Mano izquierda

Los dedos están numerados del 1 al 4 (el pulgar no está numerado). Presiona las cuerdas firmemente entre los dos trastes.

Mano derecha

Hay muchas maneras de puntear o rasguear las cuerdas del ukelele. La mayoría de las personas rasguean las cuerdas con el dedo 1 extendido o con el pulgar.

Coloca el pulgar al medio de la parte trasera del mástil y arquea los dedos para evitar que la palma de la mano toque el mástil.

Algunas personas prefieren tocar con una púa. Sostén la púa entre el pulgar y el dedo 1, como se muestra en la foto, y concéntrate en usar un rasgueo descendente para puntear una cuerda a la vez.

EL ACORDE DE DO

La mayoría de las personas usan el ukelele para tocar acordes mientras cantan. Un **acorde** suena cuando se tocan más de dos cuerdas al mismo tiempo. Para tocar tu primer acorde, Do, usa el dedo 3 para presionar el tercer traste en la primera cuerda.

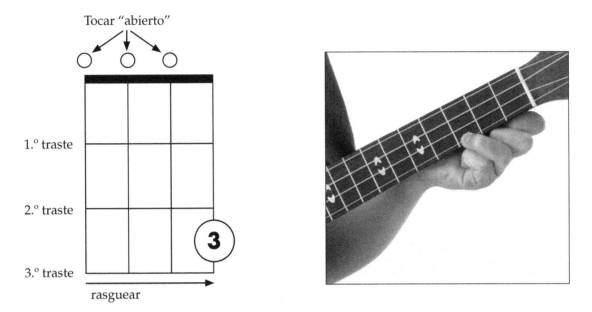

La música tiene un **tiempo** (o pulso) constante, como el tictac de un reloj. Cuenta en voz alta mientras rasgueas.

rasguear	rasguear	rasguear	rasguear		rasguear	rasguear	rasguear	rasguear
/	/	/	/		/	/	/	/
1	2	3	4		1	2	3	4

ARE YOU STRUMMING?

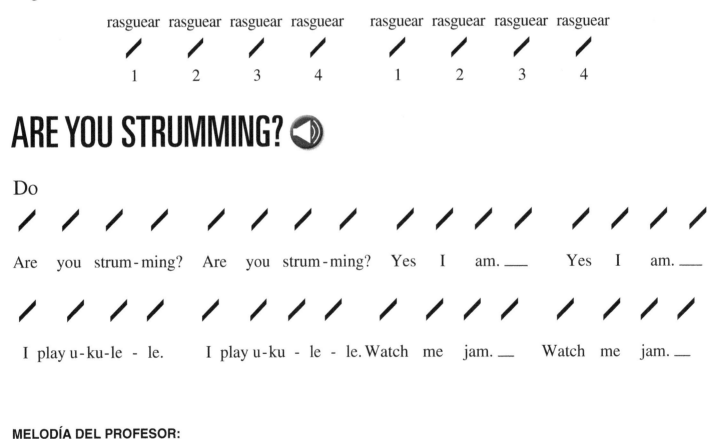

Do

/ / / /   / / / /   / / / /   / / / /

Are you strum-ming? Are you strum-ming? Yes I am.___ Yes I am.___

/ / / /   / / / /   / / / /   / / / /

I play u-ku-le - le.   I play u-ku - le-le. Watch me jam.___ Watch me jam.___

MELODÍA DEL PROFESOR:

6

EL ACORDE DE FA

Para el acorde de Fa, usaremos dos dedos. Usa el dedo 2 para presionar la cuarta cuerda en el segundo traste y usa el dedo 1 para presionar la segunda cuerda en el primer traste.

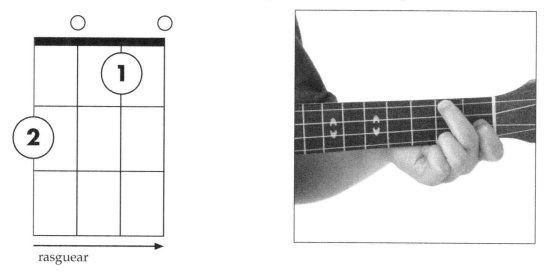

rasguear

Las barras de compás dividen la música en **compases**. Una **doble barra de compás** indica el final.

Compás — Compás

Barra de compás   Doble barra de compás

STRUM THE UKE

Fa

Strum, ___ strum, ___ strum, ___ the uke. That's the way we play. ___

I don't ev - er want to stop. I think I'll strum all day. ___

MELODÍA DEL PROFESOR:

Fa

CÓMO CAMBIAR DE ACORDES

Practica rasguear el acorde de Fa y luego cambia al acorde de Do.

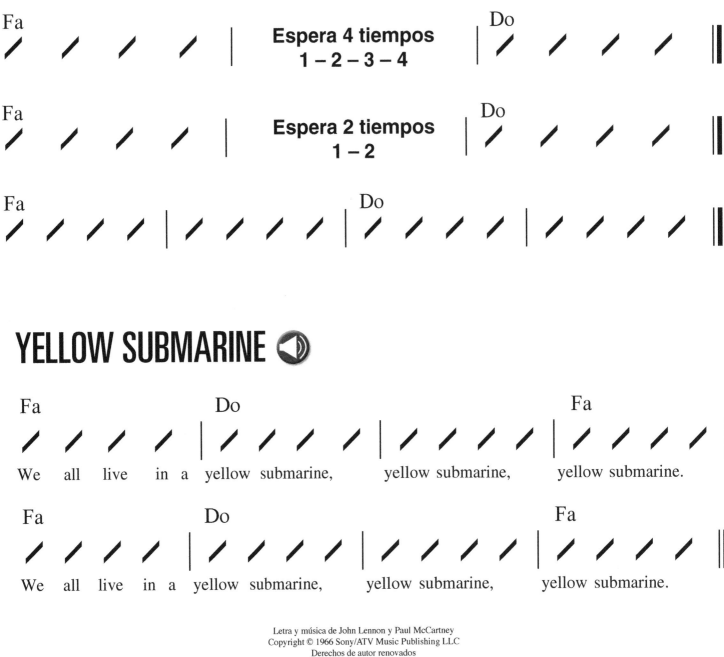

Fa / / / / | **Espera 4 tiempos** 1 – 2 – 3 – 4 | **Do** / / / /

Fa / / / / | **Espera 2 tiempos** 1 – 2 | **Do** / / / /

Fa / / / / | / / / / | **Do** / / / / | / / / /

YELLOW SUBMARINE

Fa / / / / | **Do** / / / / | / / / / | **Fa** / / / /

We all live in a yellow submarine,   yellow submarine,   yellow submarine.

Fa / / / / | **Do** / / / / | / / / / | **Fa** / / / /

We all live in a yellow submarine,   yellow submarine,   yellow submarine.

MELODÍA DEL PROFESOR:

EL ACORDE DE DO7

Podemos cambiar una nota de nuestro acorde de Do para formar el acorde de Do7. Usa el dedo 1 para presionar la primera cuerda en el primer traste.

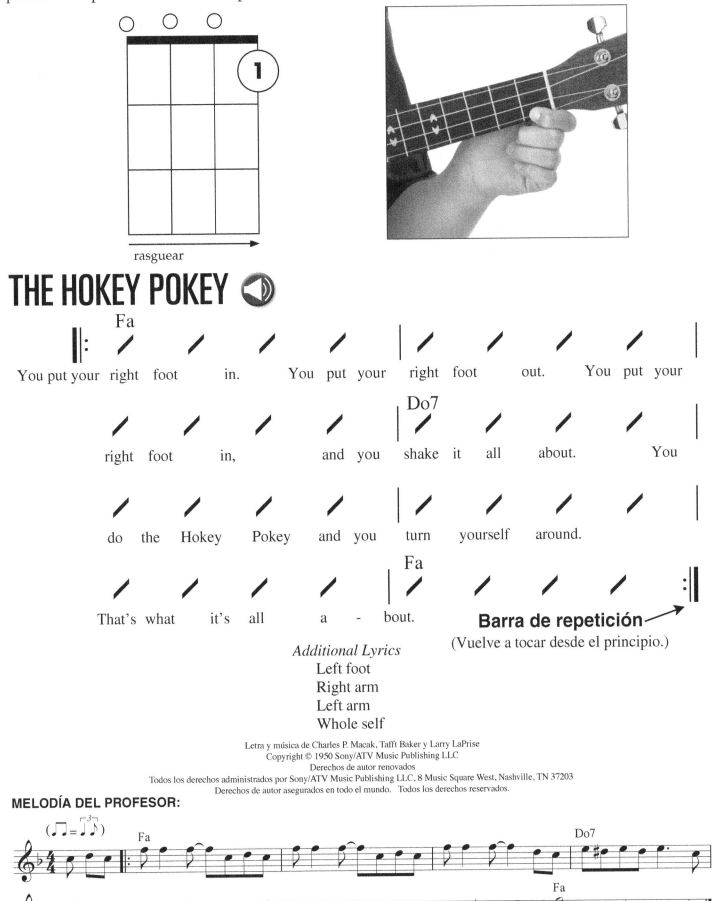

rasguear

THE HOKEY POKEY

Fa

You put your right foot in. You put your right foot out. You put your

Do7

right foot in, and you shake it all about. You

do the Hokey Pokey and you turn yourself around.

Fa

That's what it's all a - bout.

Barra de repetición
(Vuelve a tocar desde el principio.)

Additional Lyrics
Left foot
Right arm
Left arm
Whole self

MELODÍA DEL PROFESOR:

EL ACORDE DE LA MENOR

Usa el dedo 2 para presionar la cuarta cuerda en el segundo traste.

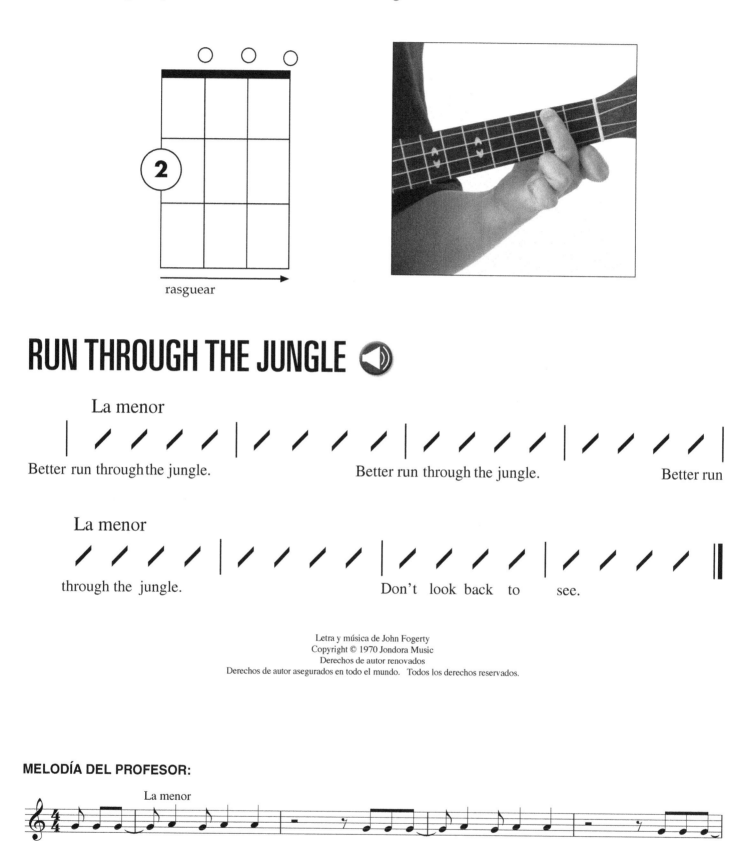

RUN THROUGH THE JUNGLE

La menor

/ / / / | / / / / | / / / / | / / / /

Better run through the jungle.   Better run through the jungle.   Better run

La menor

/ / / / | / / / / | / / / / | / / / /

through the jungle.   Don't look back to   see.

MELODÍA DEL PROFESOR:

Cambiar entre La menor y Fa es realmente sencillo. Inténtalo en esta canción de los *Beatles*.

ELEANOR RIGBY

Fa / / / / | / / / / | La menor / / / / | / / / / |

Ah, _____ look at all the lonely people! __

La menor / / / / | / / / / | / / / / | Fa / / / / |

Eleanor Rigby ___ picks up the rice in the church where a wedding has been, _____

La menor / / / / | / / / / | / / / / | / / / / |

lives in a dream. ___ Waits at the window, wearing the face that she keeps in a jar by the

Fa / / / / | La menor / / / / | / / / / | / / / / |

door, __ who is it for? __ All the lonely people, where

Fa / / / / | La menor / / / / | / / / / |

do they all come from? All the lonely people,

Fa / / / / | La menor / / / / | / / / / ‖

where do they all be - long?

Letra y música de John Lennon y Paul McCartney
Copyright © 1966 Sony/ATV Music Publishing LLC
Derechos de autor renovados
Todos los derechos administrados por Sony/ATV Music Publishing LLC, 8 Music Square West, Nashville, TN 37203
Derechos de autor asegurados en todo el mundo.   Todos los derechos reservados.

MELODÍA DEL PROFESOR:

11

EL ACORDE DE SOL

Para el acorde de Sol, tendrás que presionar tres notas al mismo tiempo.

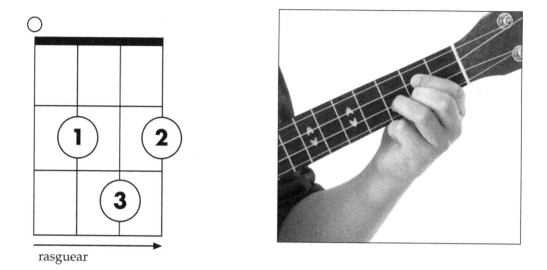

rasguear

Ahora, intentemos cambiar entre tres acordes que ya conoces.

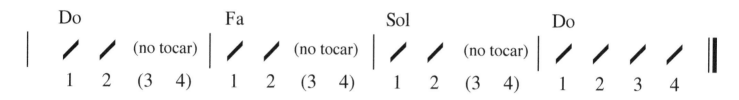

En esta canción, iremos cambiando entre los acordes de Sol y de Fa sin espacio intermedio.

WATCHIN' THE WAVES

MELODÍA DEL PROFESOR:

12

Ahora, intentemos tocar nuestras primeras canciones con tres acordes diferentes: Do, Fa y Sol.

THREE LITTLE BIRDS

Estrofa

| Do | | | | Sol | | | |

Rise up this morning, smile with the rising sun. Three little birds

| Do | | | | Fa | | | |

pitch by my doorstep, singing sweet

| Do | | | | Sol | | | |

songs of melodies pure and true. Saying,

| Fa | | | | Do | | | |

"This is my message to you."

Coro

| Do | | | | | | | |

Don't worry about a thing because

| Fa | | | | Do | | | |

every little thing gonna be alright.

Letra y música de Bob Marley
Copyright © 1977 Fifty-Six Hope Road Music Ltd. y Odnil Music Ltd.
Derechos de autor renovados
Todos los derechos en Norteamérica administrados por Blue Mountain Music Ltd./Irish Town Songs (ASCAP) y en el resto del mundo por Blue Mountain Music Ltd. (PRS)
Todos los derechos reservados.

MELODÍA DEL PROFESOR:

A veces, los acordes también cambian a la mitad de un compás. Préstale atención a eso en el siguiente clásico de *Temptations*.

AIN'T TOO PROUD TO BEG

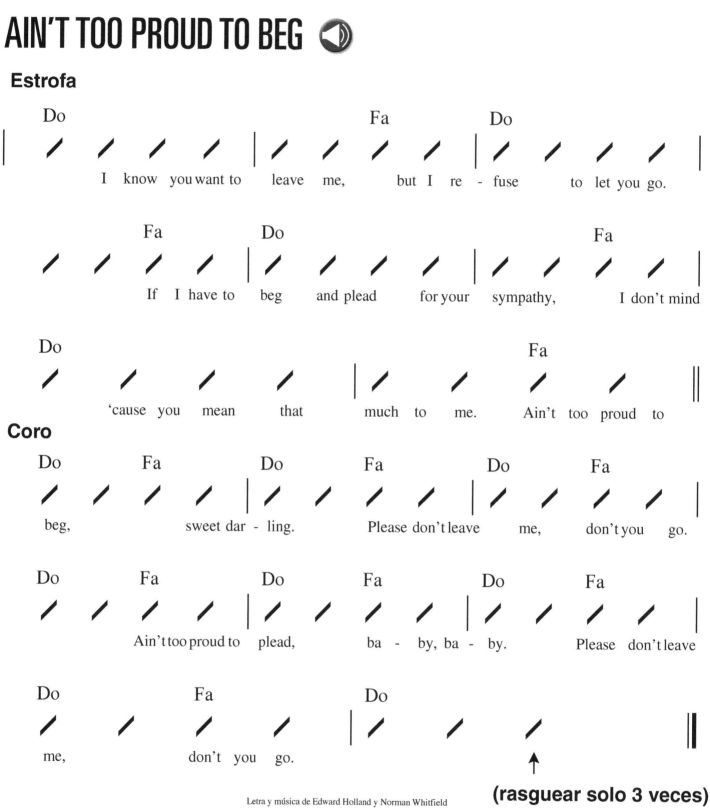

MELODÍA DEL PROFESOR:

LA NOTA LA

Hasta ahora, has aprendido a tocar acordes. Si recuerdas, un acorde suena cuando tocas más de dos cuerdas juntas. Ahora, toquemos algunas notas solas. Esta es la forma en que tocamos melodías con el ukelele.

Para tocar la nota La, puntea la primera cuerda abierta con el dedo, el pulgar o la púa.

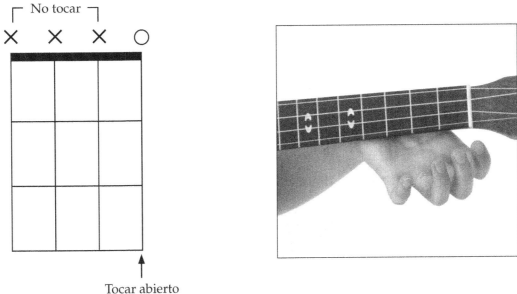

Toca abierto
(no presionar las cuerdas con los dedos)

La música se escribe en un **pentagrama** de cinco líneas y cuatro espacios. Al comienzo de cada pentagrama aparece una **clave**. Esta le asigna a cada línea o espacio el nombre de una letra. La música de ukelele se escribe en **clave de sol**.

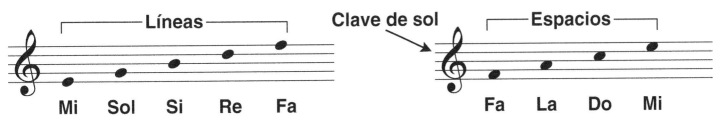

La primera cuerda abierta es la nota La, que es el segundo espacio de abajo hacia arriba en el pentagrama. Toca cada nota La de manera lenta y uniforme.

MALAGUEÑA

MELODÍA DEL PROFESOR:

LA NOTA SI

Usa el dedo 2 para presionar la primera cuerda en el segundo traste.

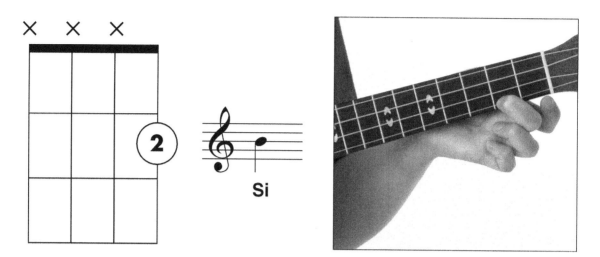

Al comienzo de una pieza musical aparece una **marca de compás**. Esta indica cuántos tiempos hay en cada compás y qué tipo de nota se cuenta como un tiempo. La marca de 4/4 ("cuatro cuartos"), indica que hay cuatro tiempos en cada compás y la **negra** lleva el pulso. Le negra tiene una cabeza de nota coloreada en negro y una plica (♩).

IMPROVISACIÓN CON DOS NOTAS

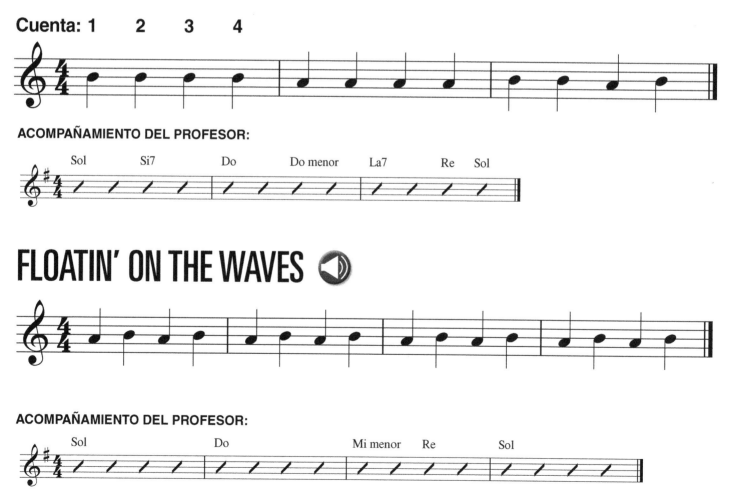

LA NOTA DO

Usa el dedo 3 para presionar el tercer traste en la primera cuerda.

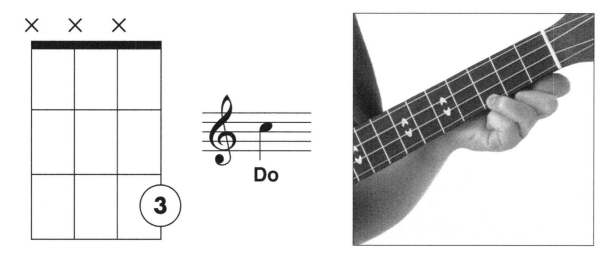

Do

Una **blanca** (♩) dura el doble que una negra; es decir, dos tiempos.

SEASICK

Cuenta: 1 - 2   3   4

MELODÍA DEL PROFESOR:

STAIRCLIMBLING

MELODÍA DEL PROFESOR:

LA NOTA MI

Ahora, sigamos con la segunda cuerda. Para tocar la nota Mi, puntea la segunda cuerda abierta.

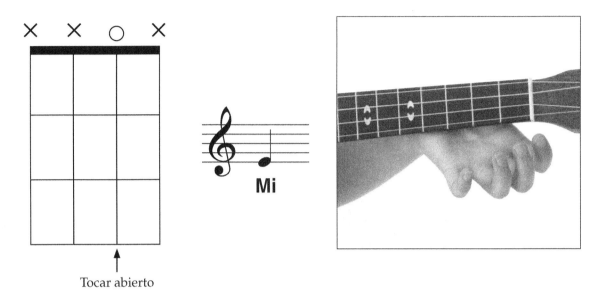

Tocar abierto

Mi

Una **redonda** (o) dura el doble que una blanca o cuatro veces más que una negra. En un tiempo de 4/4, la redonda dura cuatro tiempos o un compás entero.

THE UKE BLUES 🔊

Cuenta: 1 2 3 4   1 - 2 - 3 - 4

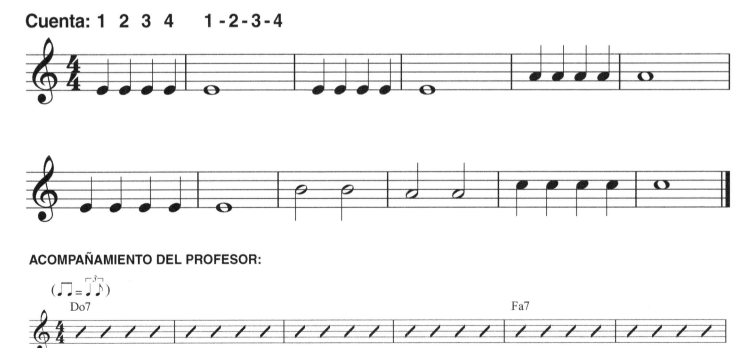

ACOMPAÑAMIENTO DEL PROFESOR:

LA NOTA FA

Usa el dedo 1 para presionar la segunda cuerda en el primer traste.

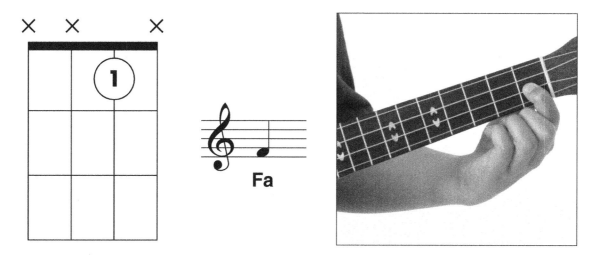

Los silencios son tiempos que no suenan. El **silencio de negra** (𝄽) dura un tiempo. Cuenta los silencios cuando aparezcan en la música.

1 (2) 3 4   1 (2) 3 4   1 (2) 3) 4   1 (2) 3 (4)

STOP AND GO 🔊

ACOMPAÑAMIENTO DEL PROFESOR:

19

LA NOTA SOL

Usa el dedo 3 para presionar la segunda cuerda en el tercer traste.

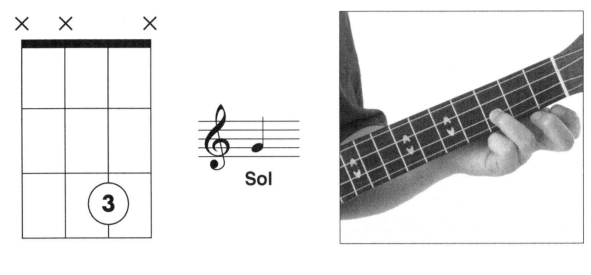

Sol

El **silencio de blanca** (➖) dura dos tiempos.

HILL CLIMBING

MELODÍA DEL PROFESOR:

Toca este ejemplo con silencios de blanca y silencios de negra. ¡No te olvides de contar!

1 (2) 3 4   1 2 (3) (4)   1 2 3 (4)   1 (2) 3 4

REVISIÓN DE NOTAS

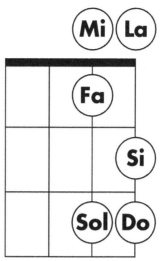

Mi   Fa   Sol   La   Si   Do

Las notas en el siguiente ejercicio saltan de cuerda en cuerda. Mientras tocas una nota, anticipa la siguiente y coloca los dedos en posición.

WINDCHIMES

ACOMPAÑAMIENTO DEL PROFESOR:

Algunas canciones comienzan con **anacrusas** (compases incompletos). Antes de comenzar a tocar, cuenta los tiempos faltantes en voz alta.

ISLAND STREAM

El profesor toca los símbolos de los acordes

Cuenta: (1 2) 3 4

SHE LOVES YOU

El profesor toca los símbolos de los acordes

(1) (2) (3) 4
She loves you, yeah, yeah, yeah. She loves you, yeah,
yeah, yeah. She loves you, yeah, yeah, yeah, yeah.

Letra y música de John Lennon y Paul McCartney
Copyright © 1963 por NORTHERN SONGS LIMITED
Derechos de autor renovados
Todos los derechos para los EE. UU., sus territorios y posesiones, y Canadá asignados y controlados por GIL MUSIC CORP., 1650 Broadway, Nueva York, NY 10019
Derechos de autor asegurados en todo el mundo. Todos los derechos reservados.

EL ACORDE DE SI♭

Para el acorde de Si♭, tendrás que presionar las cuatro cuerdas. Coloca el dedo 1 en la primera y segunda cuerda.

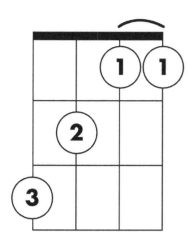

A veces, las marcas de rasgueo se escriben en el pentagrama para que sepas dónde van los rasgueos en el compás.

THIS LAND IS YOUR LAND

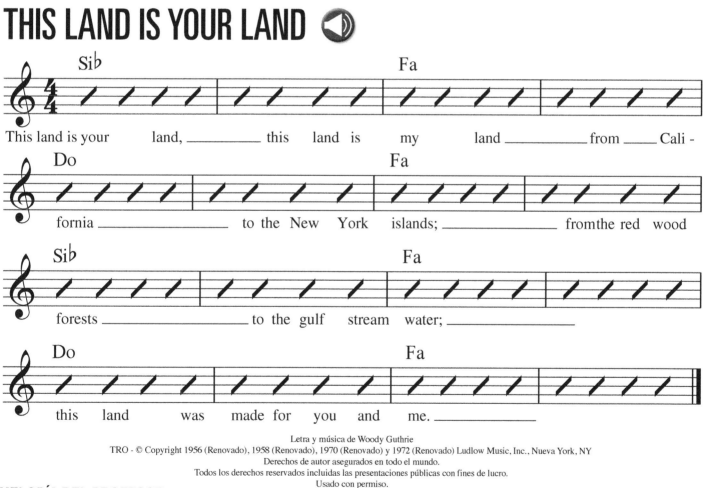

| Si♭ | | Fa | |

This land is your land, _____ this land is my land _____ from ___ Cali-

| Do | | Fa | |

fornia _____ to the New York islands; _____ fromthe red wood

| Si♭ | | Fa | |

forests _____ to the gulf stream water; _____

| Do | | Fa | |

this land was made for you and me. _____

Letra y música de Woody Guthrie

MELODÍA DEL PROFESOR:

El **silencio de redonda** (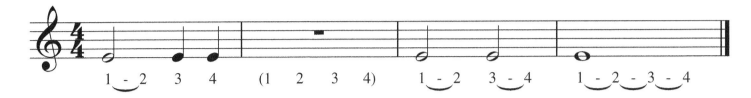) dura cuatro tiempos o un compás entero.

1 – 2   3   4   (1   2   3   4)   1 – 2   3 – 4   1 – 2 – 3 – 4

BARBARA ANN

Introducción

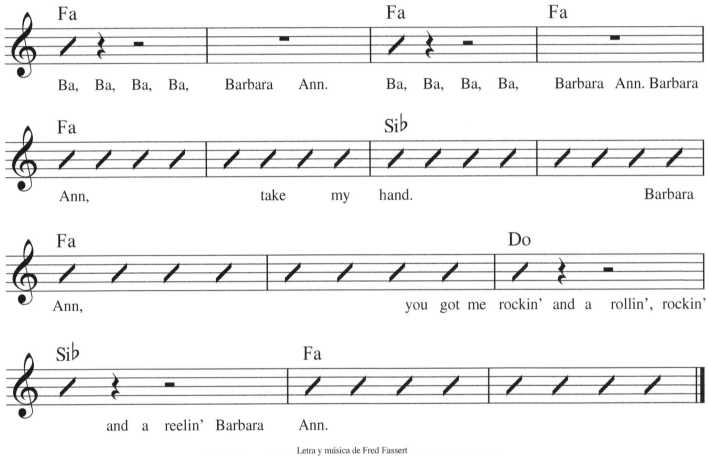

Ba, Ba, Ba, Ba,   Barbara   Ann.   Ba, Ba, Ba, Ba,   Barbara   Ann. Barbara

Ann,   take   my   hand.   Barbara

Ann,   you got me rockin' and a rollin', rockin'

and a reelin' Barbara   Ann.

MELODÍA DEL PROFESOR:

Hasta ahora, has tocado cuatro rasgueos descendentes para cada compás. Ahora, vamos a rasguear dos veces por cada tiempo u ocho veces por cada compás. Alterna entre rasgueos hacia abajo y hacia arriba.

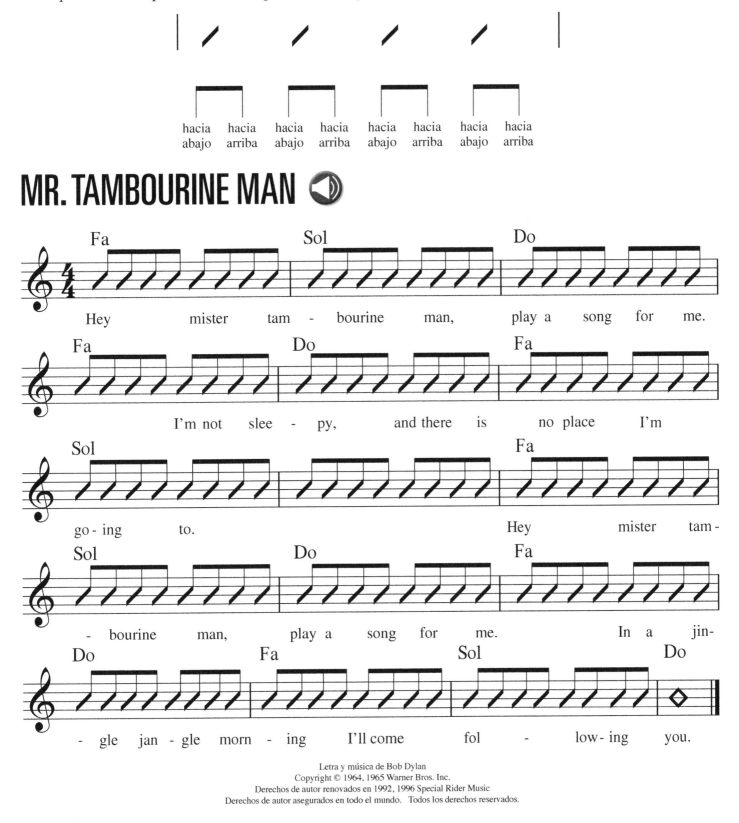

MR. TAMBOURINE MAN

Hey mister tam - bourine man, play a song for me.

I'm not slee - py, and there is no place I'm

go - ing to. Hey mister tam-

- bourine man, play a song for me. In a jin-

- gle jan - gle morn - ing I'll come fol - low- ing you.

MELODÍA DEL PROFESOR:

LAS NOTAS DO Y RE

Ya has aprendido a tocar la nota Do en la primera cuerda. Puedes tocar otra nota Do (más baja) si punteas la tercera cuerda abierta. Para tocar la nota Re, presiona la tercera cuerda en el segundo traste.

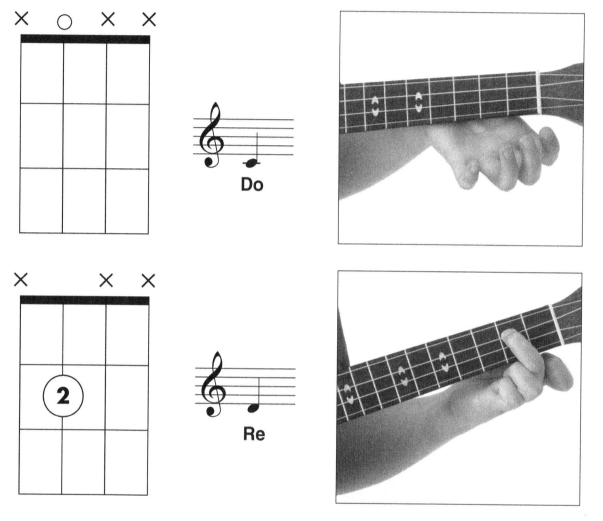

Do

Re

ETUDE

El profesor toca los símbolos de los acordes

Do   Re menor   Fa   Sol   Do

COMPÁS DE TRES CUARTOS

Algunos estilos musicales tienen tres tiempos por compás en lugar de cuatro. El símbolo para el compás de tres cuartos es:

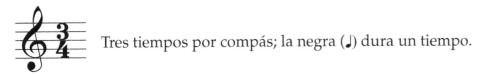 Tres tiempos por compás; la negra (♩) dura un tiempo.

AMAZING GRACE

El profesor toca los símbolos de los acordes

LA NOTA SI♭

Nos falta aprender una nota más. Usa el dedo 1 para presionar la primera cuerda en el primer traste.

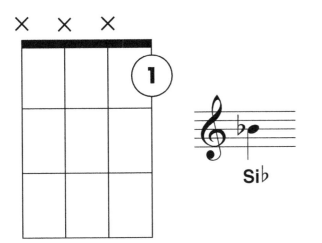

BIRTHDAY SONG

El profesor toca los símbolos de los acordes

LOVE ME TENDER

El profesor toca los símbolos de los acordes

Love me ten - der love me sweet; nev - er let me go.

You have made my life com - plete, and I love you so.

Love me ten - der, love me true, all my dreams ful - fill.

For my dar - lin' I love you, and I al - ways will.

Letra y música de Elvis Presley y Vera Matson
Copyright © 1956; Renovado en 1984 Música de Elvis Presley (BMI)
Los derechos en todo el mundo de la música de Elvis Presley son administrados por BMG Chrysalis.
Derechos de autor asegurados en todo el mundo. Todos los derechos reservados.

EL RITMO DE *SHUFFLE*

Muchas canciones se tocan con un **ritmo de *shuffle***. Esto significa que las corcheas suenan asimétricas; la primera en cada tiempo es más larga que la segunda. El símbolo que indica el ritmo de *shuffle* es:

Escucha el audio. Fíjate cómo suena este ritmo en un acorde de Do. Primero, el acorde se rasgueará normalmente; luego, con un ritmo de *shuffle*.

Ritmo de *shuffle*

Ahora intenta tocar "Rock Around the Clock" con un ritmo de *shuffle*.

ROCK AROUND THE CLOCK
Introducción

MELODÍA DEL PROFESOR:

EL ACORDE DE SOL MENOR

Aprendamos un acorde más. Para el acorde de Sol menor, tendrás que presionar tres cuerdas al mismo tiempo.

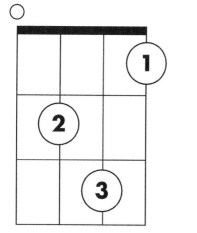

Practica alternar el acorde de Sol menor con los otros acordes que has aprendido y luego pruébalo en nuestra última canción: "Surfer Girl".

SURFER GIRL

Estrofa

Fa — Sol menor — La menor
Lit - tle surf - er, lit - tle one, make my heart come

Si♭ — Fa — Sol menor Do7
all un - done. Do you love me, do you, surf - er

Fa — Sol menor Do7 — Fa
girl? (Surf-er girl, my lit - tle surf-er girl.) I have watched you

Sol menor — La menor — Si♭
on the shore, stand - ing by the o - cean's roar.

Escrita por Brian Wilson
© 1962 (Renovado en 1990) GUILD MUSIC COMPANY (BMI)/Administrado por BUG MUSIC
Todos los derechos reservados. Usado con permiso.

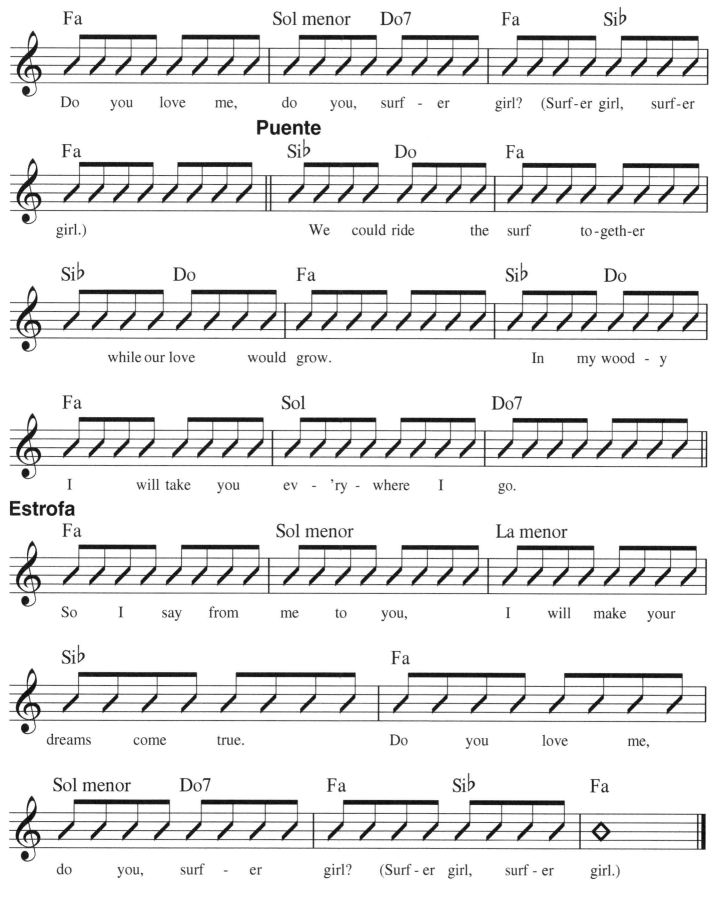

Puente

Estrofa

MELODÍA DEL PROFESOR:

CERTIFICADO DE FINALIZACIÓN

Felicitamos a

_____

(TU NOMBRE)

_____

(FECHA)

por haber finalizado

UKELELE PARA NIÑOS

_____

(FIRMA DEL PROFESOR)

Ya estás listo para

HAL LEONARD MÉTODO PARA TOCAR EL UKELELE, LIBRO 1

HL00695832